UNE VISITE

AU

MONT SAINT-MICHEL

(EXTRAIT D'UN CARNET DE VOYAGE)

PAR

Jules LEMAIRE

MONTMÉDY
IMPRIMERIE DE PH. PIERROT-CAUMONT

1879

UNE VISITE

AU

MONT SAINT-MICHEL

...... A l'issue d'un semblant de déjeuner pris à la hâte dans la grande salle de l'unique (?) hôtel de Pontorson, une voiture découverte nous emporte à travers les deux rues larges et désertes de la petite ville, pour s'engager, à la suite d'un omnibus surchargé de touristes, dans une route poudreuse bordée de haies vives, conduisant au Mont Saint-Michel, dont la tour aérienne de l'église perce vaguement au-dessus des grands peupliers qui masquent l'horizon.

Sur la gauche, au-delà des *pâtures* et du chemin de fer de Moidrey — prolongement de la ligne de Vitré à Fougères, — les saules du Couesnon se balancent mollement sous une brise fraîche qui tempère à propos les ardeurs d'un soleil caniculaire.

Le temps est splendide ; au-dessus de nos têtes, le ciel, d'un bleu pâle, s'arrondit sans le moindre flocon nuageux.

On serait parfaitement à l'aise, si notre carriole, lancée à toute vitesse, ne soulevait pas de ces tourbillons de poussière qui, nous enveloppant comme dans une trombe de cendre, retombent en pluie fine en poudrant, à *frimas*, la patache et tout son chargement.

C'est là un des... agréments du trajet ; mais bah ! on est touriste ou on ne l'est pas. Certaines actions ont d'autant plus de mérite que leur accomplissement soulève plus de difficultés ; aussi, notre plaisir n'en sera-t-il que plus grand au terme de la course.

Pour faire diversion, nous écoutons attentivement un de nos compagnons de voyage, jeune abbé à son troisième pélerinage au Mont, et qui, dans le but d'aiguillonner notre curiosité, paraît profiter de sa connaissance des lieux pour nous les dépeindre sous des couleurs légèrement forcées. Nous n'avons certes, nullement besoin de ce stimulant nouveau, car notre imagination est montée à son maximum de tension.

Bien que l'on avance rapidement, l'aspect du paysage varie fort peu ; toujours des haies vives, de la poussière à saturation et un perpétuel rideau de peupliers dans le fond de la campagne. A chaque instant, on rencontre des convois de petites charrettes chargées de vase grise appelée *tangue*, riche engrais recueilli à l'embouchure du Couesnon et expédié dans l'intérieur des terres.

Moidrey, avec ses petites chaumières de torchis éparpillées au milieu de la verdure, et sa gare minuscule cachée derrière une touffe d'arbres est déjà dépassé. Les roues de notre véhicule enfoncent jusqu'aux moyeux dans la poussière de la route que l'on est forcé d'abandonner à tout moment en faisant des écarts dans une prairie sablonneuse brûlée par la sécheresse.

Le sol maigrit à vue d'œil. L'estuaire marneux du Couesnon s'élargit comme un étang, entre ses rives bourbeuses, et un brick-goëlette, couché sur sa quille, y attend patiemment que la haute mer vienne le remettre à flot.

Tout indique cependant que l'on approche du Mont,

mais les malencontreux peupliers, toujours dépassés et sans cesse renouvelés, s'obstinent jusqu'au bout à le dérober à nos regards anxieux.

Enfin, — passant, avec toute la vélocité que peuvent fournir les biceps énervés d'un cheval de louage, devant une masure décorée du titre pompeux d'Hôtel des Grèves, — nous faisons un brusque détour en laissant sur la droite la dernière ligne de nos arbres maudits. La baie de Cancale se dévoile alors tout entière, et un cri d'admiration s'échappe de nos poitrines : le Mont Saint-Michel est devant nous, majestueux !... étrange !...

A milieu de l'immense nappe cendrée des grèves, se dresse, fier et altier, le rocher célèbre que surmontent les hautes murailles de l'Abbaye, au-dessus desquelles, une élégante basilique s'élance hardiment dans les airs. Au pied des murailles, sur les flancs du roc, la petite ville de Saint-Michel se développe en amphithéâtre et descend jusqu'au niveau de la vieille enceinte de tours noires qui la protége contre les grandes marées.

Tout cet ensemble, éclairé de face par un brillant soleil de midi, paraît être à quelques pas de distance, quoique deux ou trois kilomètres nous en séparent encore.

Nous allons quitter la route qui mène au rivage entre deux haies de thym marin. La végétation, de plus en plus rare et chétive, devient bientôt tout-à-fait nulle.

Un moment après, la terre ferme a disparu. Nous roulons sur la surface détrempée des sables, ridée par les vagues du matin, et coupée de petites flaques d'eau salée laissées par le reflux. Nous suivons la ligne des poteaux télégraphiques du Mont, et celui-ci, par un effet d'optique commun dans les grèves, semble fuir au fond de la baie et reculer à mesure que nous avançons. C'est à désespérer de jamais pouvoir y atteindre.

D'un autre côté, ce sol qui nous porte, n'est pas d'une solidité fort rassurante. On connaît les dangers de la baie du Mont Saint-Michel, ces *lises*, ou gouffres de sables mouvants, dont rien ne trahit la présence et qui engloutissent, chaque année, tant de victimes.

Paul Féval a fait, en maître, une peinture assez sombre des périls que court en ces parages, le voyageur inexpérimenté. Vous allez droit devant vous, avec confiance, trompé par la résistance apparente du sable sur lequel l'empreinte de vos pas reste à peine marquée. Puis, sans vous en apercevoir, la tangue cède sous votre poids et vous happe lentement, en paralysant vos membres. Terrifié, surpris, une sorte de vertige vous fait perdre la raison, et vos efforts désespérés, inutiles, inconscients, ne servent qu'à hâter votre immersion. C'est la mort inévitable, fatale!

Lorsque le temps est clair, comme aujourd'hui, on peut, avec l'habitude, éviter le danger en s'écartant des endroits suspects. Mais souvent, toute la baie se trouve ensevelie dans un brouillard d'une intensité incroyable. Alors, malheur à l'imprudent égaré dans les sables, car, malgré la cloche du Mont qui tinte pour indiquer la direction à suivre, — comme la brume disperse le son, cette précaution est parfois superflue, — il n'échappera aux *lises* que pour devenir la proie de la mer montante!

On le voit, toute cette grève fertile en sinistres, n'est donc qu'une vaste nécropole!... Aussi, les habitants de ces contrées, — où le surnaturel a été constamment à la mode, — l'ont-ils peuplée de nombreuses et curieuses légendes. Suivant une croyance populaire fort accréditée auprès des riverains bretons et normands, les âmes des trépassés, victimes des lises, s'assemblent tous les ans, dans la nuit de Noël, pour danser une ronde infernale qui commence au coucher du soleil et se termine au jour; la lumière ayant du reste, dans ce pays comme ailleurs, la propriété de faire évanouir les fantômes les plus hardis.

La *Fée des Grèves* et l'*Homme de fer* sont aussi des produits de l'imagination fantaisiste de ces peuples, amateurs du merveilleux.

*
* *

La voiture s'arrête enfin au pied d'une cour crénelée, et le monastère nous écrase de toute la masse grandiose de ses constructions superposées.

Sautant prestement sur les galets, nous gravissons une petite rampe et passons sous une vieille porte cintrée, en ruine, donnant accès à une cour au fond de laquelle est une autre porte, défendue jadis par un pont-levis, et que gardent actuellement deux anciennes bombardes de fer forgé, prises aux Anglais lors du siége de 1423. Cette seconde porte, — s'ouvrant sur une seconde cour, — est suivie d'une troisième, exhaussée d'un vieux bâtiment. C'est la *Porte de la Herse*, qui introduit définitivement dans ce qu'il est convenu d'appeler la ville, composée d'une rue roide et tortueuse, entre deux rangées de maisons délabrées.

A peine avons-nous le temps de consigner nos colis à l'hôtel, près la porte de la Herse, que nous nous trouvons subitement assaillis par une bande de mendiants, — cette lèpre de tous les endroits de ce genre, — qui s'offrent avec un zèle aussi louable qu'intéressé, à nous servir de guides et à nous ouvrir, pour les renseignements dont nous aurons besoin, les trésors inépuisables de leur érudition locale.

Notre compagnon, le jeune abbé, au courant des us et coutumes de l'endroit, nous conseille d'envoyer au diable tous ces exploiteurs qui ne connaissent rien et ne pénètrent jamais dans l'abbaye.

Nous débarrassant de cet essaim de moustiques à face humaine, nous prenons un escalier rejoignant le chemin de ronde des remparts qui, par une succession de rampes et de degrés contourne la ville en suivant l'ordre des tours et se dirige vers la grande porte du monastère.

Une mendiante que notre refus n'a pas rebuté, nous suit pas à pas et s'efforce de nous expliquer, malgré nous, ce que du reste elle ignore elle-même.

— Voici, messieurs, dit-elle, la tour où Barbès s'est évadé.

Avec cette différence que Barbès s'est échappé par un côté diamétralement opposé, le renseignement est d'une remarquable exactitude. Et voilà comme on écrit l'histoire.

— Ici, c'est la maison de Duguesclin, Messieurs.

— Quant à cela c'est juste, dit l'abbé, voici les vestiges de la maison que Bertrand Duguesclin fit édifier pour dame Thiphaine Raguenel, son épouse.

A cet endroit, le chœur et les contre-forts guillochés de l'église se montrent tout entiers au-dessus des créneaux de la grande entrée.

Arrivé à hauteur de la tour de Maryland, le chemin, par des degrés entre deux vieux murs, s'élève à gauche pour gagner, — au bas d'un gigantesque pignon et de la flèche des corbins, — un terre-plein qui aboutit enfin à la porte principale de l'abbaye, espèce de forteresse massive, percée d'une ouverture cintrée, trapue, flanquée de deux grosses tours rondes, semblables à d'énormes canons dressés sur leurs culasses.

Montant les quelques marches qui s'engouffrent sous cette porte profonde et droite, nous entrons dans la Salle-des-Gardes, voûtée, éclairée par une étroite fenêtre et dans laquelle sont exposées des photographies du Mont, ainsi que divers ex-voto.

⁂

Lors de la Révolution, le Mont Saint-Michel avait été converti en maison d'arrêt, puis, plus tard, en pénitencier militaire. Tous les bâtiments du couvent étaient affectés à cette destination.

Il y a environ dix ou quinze ans, l'Abbaye a été jugée impropre au service actuel de ces sortes d'établissements; son personnel fut donc transféré ailleurs et on lui enleva sa petite garnison.

Une communauté religieuse, sous les auspices de l'évêque de Coutances, s'y est aussitôt établie, et, avec l'aide bienveillante de l'Académie des Beaux-Arts, a entrepris de préserver d'une imminente destruction, ce précieux spécimen de l'architecture religieuse et militaire du moyen-âge. On travaille activement à en consolider les points les plus défectueux, et ces intelligentes réparations permettront de conserver encore aux siècles futurs, ce curieux et original édifice des siècles passés.

Ce sont donc ces religieux qui, — moyennant une redevance de un franc par personne, — font visiter aux touristes les diverses parties de l'abbaye ouvertes au public.

*
* *

Nous ayant disposés par groupes de cinq ou six, le *convers* qui doit nous guider à travers le labyrinthe monacal, prend la tête de la petite colonne et nous fait suivre un couloir pavé à ciel ouvert, puis un humide passage à l'extrémité duquel nous nous trouvons au rez-de-chaussée du bâtiment immense dit *la Merveille*, du côté nord de la montagne.

La première pièce que nous visitons est la *Salle de Montgommery*, baptisée de ce nom, en souvenir des attaques infructueuses de ce seigneur calviniste au temps des guerres de religion. Cette salle, grande, nue, éclairée par des ouvertures inégales, sans symétrie, a subi divers changements qui en ont modifié totalement l'aspect primitif.

Les murs gardent çà et là des traces de cloisons et de fourneaux de cuisines. En outre, un parfum insolite s'échappant d'une façon de bahut enclavé dans l'embrasure d'une fenêtre fait supposer que ce n'est pas précisément là qu'est le garde-manger de MM. les moines, — au contraire !

A côté de cette pièce, une autre, appelée le *Cellier*, est encore bien moins captivante que la première ; de plus il y fait très-sombre.

Nous quittons le rez-de-chaussée par un escalier tournant qui débouche brusquement dans la magnifique *Salle des Chevaliers*, la mieux conservée de tout le monument.

Une triple rangée de colonnes à chapiteaux capricieux soutient une voûte ogivale des plus élancées, renforcée de nervures saillantes entrecoupées, dont le point de convergence, à chaque clef de voûte, est dissimulé par une jolie rose épanouie. Le jour y entre largement, par de hautes fenêtres à vitraux, entre lesquelles d'antiques cheminées du XIVme siècle étalent leurs énormes foyers.

Cet admirable vaisseau fut le témoin muet de bien grandes cérémonies autrefois. C'était là que les chevaliers de l'ordre de Saint-Michel — fondé par Louis XI, — se réunissaient pour leurs délibérations, les moines leur ayant cédé cette pièce qui a conservé ainsi jusqu'à nos jours son harmonique appellation de Salle des Chevaliers.

Dans un de ses angles, une galerie conduisant aux réfectoires, non visibles, nous mène à la *Crypte des gros piliers* (chapelle de Notre-Dame de Mont-Tombe), où des pilastres colossaux, en stuc, servent de base à l'abside de l'église.

Cette crypte se trouve de niveau avec la plateforme des *Tours du Donjon*, au-dessus de la grande entrée, où sont aménagés de gentils parterres fleuris dont la verdure contraste sensiblement avec l'amas de pierre qui les environne.

Après une courte station sur cette terrasse, de laquelle la vue plonge à pic sur les toits de la ville, nous nous engageons au cœur même de la montagne pour parcourir une série de souterrains obscurs, sans air, descendre ou escalader des escaliers dont les marches, usées par un service de dix siècles, justifient assez les précautions inouïes que prend le personnel féminin de la caravane.

Ces lenteurs menacent même sérieusement d'éterniser cette excursion au sein du massif rocheux, — miné comme par des termites géants, — et à travers ces catacombes sinistres, dont les échos étouffés semblent répéter encore les plaintes des misérables que le moyen-âge jetait dans ces oubliettes appelées *in pace*.

Notre effroi redouble lorsqu'on nous montre une cavité de quelques pieds carrés où était la fameuse cage de fer, dans laquelle tant d'infortunés furent torturés pour la plus grande gloire de Louis XV et de la Pompadour !

Ah ! c'était le bon temps alors ! Quand un écrivain par ses épigrammes avait l'audace grande de toucher aux grosses têtes poudrées de l'époque, on avait un excellent moyen de se débarrasser du gêneur. Une lettre de cachet réduisait pour longtemps le fouet de sa satyre, à ne frapper plus que les quatre murs d'un cachot discret.

O Révolution de 89 ! ce sont ces souvenirs-là qui te font bénir.

Dans une autre excavation, — sans doute pour attirer les bénédictions d'En Haut, dans cet antre sépulcral est une chapelle dite : *Chapelle des trente cierges*.

Pourquoi ce nombre 30 ? Je l'ignore. Il paraît cependant qu'il a sa signification. Chandelles et mystère !

Continuons, il ne fait pas bon s'attarder ici.

Un petit escalier ruisselant d'humidité nous délivre donc de ces lieux lugubres et nous mène à l'endroit plus éclairé où se trouve la Grande roue, appareil aussi singulier qu'ingénieux dont voici la description et l'utilité.

Aux parois d'une ouverture béante, donnant sur la ville, est fixé par deux forts tourillons, un énorme tambour en bois, dans lequel des vassaux du couvent s'insinuaient pour le faire tourner, en marchaut, par leur propre poids, comme le font les écureuils. Ce tambour, en tournant, enroulait un long cable venant de l'extérieur et servant à hisser, sur le dos d'un contrefort incliné garni de bandes de fer, une sorte de traineau chargé de vivres.

C'était une voie très-expéditive pour faire parvenir les victuailles au monastère.

De là, poursuivant notre ascension — car, depuis la salle des Gardes on monte toujours, — nous atteignons le *Cloître*, disposé en terrasse au sommet des bâtiments, sur la voûte même de la Salle des Chevaliers et de plein-pied avec l'église.

Ce promenoir suspendu forme une aire de plomb, d'un carré parfait, entourée d'une élégante arcature gothique, enrichie d'une frise merveilleusement fouillée, et soutenue par 120 minces colonnettes alignées en pied de chèvre. Sur deux côtés, des fenêtres regardent la baie, à plus de cent mètres au-dessus des sables !

Dans l'angle opposé à ces fenêtres, une porte communique avec l'intérieur de l'église. Le guide, recommandant le silence, pousse cette porte et nous fait entrer dans le sanctuaire.

En pénétrant sous les arceaux légers de cette charmante nef inondée de lumière, une émotion étrange s'empare de nous. La gravité du lieu, l'altitude de la position, le calme profond qui règne dans cette arche de pierre et la sensation indéfinie et frappante du premier abord, impressionnent malgré soi; ces magnificences étonnent moins par elles-mêmes que par le motif dominant qui a guidé leurs auteurs.

Qu'ils sont dignes d'admiration ces intrépides pionniers de l'art architectural auxquels on doit cette œuvre surprenante, et qui, surtout, en bravant tous les obstacles, ont su accomplir un tel prodige d'équilibre pour porter ce défi superbe à l'inertie de la matière et à la fureur des éléments.

Laissant peu à peu la pensée errer librement à quelques siècles en arrière, on se reporte à ce temps où les voix tonnantes des moines faisaient vibrer ces voûtes sonores de leurs chants pieux; où l'animation régnait dans ce monastère alors à l'apogée de sa splendeur et de sa puissance. Il semble qu'une trappe va s'ouvrir et livrer passage à une longue procession de moines qui, la cagoule rabattue, vont venir occuper les stalles depuis longtemps vides, pour entonner les vêpres des trépassés.

Plusieurs souvenirs historiques viennent aussi se mêler à cette réminiscence des âges écoulés.

C'est sur ces froides dalles que — le 8 juin 1450 — le duc fratricide François de Bretagne venait s'agenouiller et prier « Monseigneur saint Michel » pour le repos de l'âme de son frère Gilles, assassiné par ses ordres, lorsqu'un religieux l'ajourna à comparaître dans les quarante jours, devant le tribunal suprême.

C'est dans ce chœur, alors inachevé, qu'au mois d'août de l'an du Seigneur 1469, le roi Louis onzième fit jurer à son frère. — l'infortuné duc de Guienne,— obéissance aux statuts de son nouvel ordre de chevalerie, institué en l'honneur de Saint-Michel archange — et aussi dans le but plus terrestre de mettre un frein à la fougue des grands vassaux de la couronne de France.

Bien des orages de toute nature ont passé sur le Mont Saint-Michel; cependant, au plus fort même de la tourmente, les hommes et les éléments ont eu la sagesse de respecter cette œuvre sublime de la foi de nos ancêtres.

* *
*

La voix du guide nous rappelle à l'heure présente, en commençant la description détaillée de cette splendide basilique qui attire annuellement des milliers de visiteurs.

Le chœur captive d'abord l'attention par son élégance et son étonnante légèreté. Cette gracieuse cage de pierre, métaphoriquement parlant, a été souvent comparée à une charmille dont les branches et le feuillage sont de granit ciselé. L'art ogival flamboyant et fleuri, y déploie toutes ses grâces délicates et pleines de hardiesse.

Autour du grand-autel huit faisceaux de colonnes effilées, reliés par des ogives, soutiennent une galerie gothique, qui laisse passer les rayons du soleil, tamisés au travers d'une sorte de végétation artificielle. Cette galerie est couronnée par une frise Renaissance servant d'entablement à une ligne de baies tréflées et de rosaces percées à la naissance des voûtes.

Dans une des chapelles latérales de droite, — tapissée avec les bannières qu'ont laissées les pélerins, — on voit un autel élevé à *Saint Michel terrassant le Dragon*. La statue de l'archange, en argent massif, est un chef-d'œuvre d'orfèvrerie. Une autre chapelle, faisant suite, possède de remarquables bas-reliefs en bois sculpté, quelque peu endommagés par le temps.

La nef, beaucoup plus ancienne, ravagée par la vétusté, est d'un style tout différent. Le plein-cintre roman y domine. Les sculptures et ornementations, assez rares, du reste, sont d'une extrême naïveté et datent de l'enfance de l'art.

Qnant au portail, dont l'architecture fâcheuse est très-peu en harmonie avec la nef et de beaucoup postérieure au reste de la basilique, il s'ouvre sur une plate-forme pavée de larges dalles, appelée le *Saut Gauthier*,[1] en mémoire du malheureux de ce nom qui s'abîma sur les rochers, en enjambant le garde-fou. Un autre portail, de côté, surmonté d'un tympan, avec bas-relief, représentant l'apparition de l'archange à saint Auber, donne sur une seconde plate-forme au-dessus de la *Grande roue*.

A gauche du maître-autel, une porte dérobée nous conduit à une première terrasse de pourtour. Puis, à l'aide d'un escalier héliçoïdal creusé dans un contrefort, suivi d'un pont aérien établi sur l'arc-boutant supérieur et dominant une forêt de flèches dentelées, nous parvenons à une dernière galerie entourant la toiture plombée de l'église.

Ce balcon, orné d'une balustrade — véritable dentelle de granit — est le faîte de ce bizarre échafaudage de constructions de tout âge et de tout style.

A cette hauteur vertigineuse, — 150 mètres audessus des grèves ! — la vue, libre aux quatre aires de vent, plane dans toutes les directions et embrasse, à travers une atmosphère troublée par la grande chaleur, un panorama immense qui n'a de borne que la ligne circulaire de l'horizon.

Au nord, les coteaux verdoyants de la Normandie viennent mourir sur le rivage. La ville d'Avranches semble une tache blanche sur un tapis vert, et, à deux kilomètres du Mont, le rocher isolé de Tombelène paraît être une énorme épave échouée dans les sables.

A l'est, on distingue la plaine touffue et profonde que nous avons parcourue le matin, ainsi que les nombreux villages échelonnés sur la rive, puis l'embouchure du Couesnon, dont les eaux endiguées traversent les grèves en droite ligne à la marée basse.

Au midi, à l'extrémité de la côte bretonne, on découvre, dans les vapeurs bleuâtres, le profil voilé du Rocher de Cancale, si cher aux amateurs d'huîtres.

Enfin à l'ouest, aussi loin que l'œil fatigué perçoit le sol cendré des sables s'étale à perte de vue, jusqu'au point où une étroite bande brillante se confond avec le ciel. C'est la mer au plus bas, mais qui, dans moins de deux heures, remplira toute la baie de ses vagues houleuses pour se retirer, revenir ensuite, s'éloigner de nouveau et revenir encore, inspirant au poète cette apostrophe vengeresse :

> Océan, quelle aveugle haine
> Te fait ainsi ronger tes bords ?
> Quel Leviathan te déchaine
> Contre nos villes et nos ports !...

Indicible spectacle cependant que cette marée recouvrant et découvrant tour à tour, à intervalle régulier, cette immensité de plus de 200 kilomètres carrés qui s'étend de Granville à Cancale !

Phénomènes grandioses de la nature, que vous êtes imposants !

Perpendiculairement à nos pieds, les points fixes s'éloignent graduellement des yeux étonnés. Le rayon visuel, se heurtant à la base des contreforts, rebondit sur les toitures de l'abbaye, effleure le plan incliné des rochers et des maisons de la ville pour s'arrêter en dernier lieu sur la grève mate, blanchâtre, où quelques pêcheurs tendent des filets.

Fasciné, ébloui, pris de vertige, on se cramponne convulsivement à la balustrade percée de trèfles à jour, comme si tout allait s'effondrer dans le vide. Il n'en est rien, heureusement, car ces délicates aiguilles de granit, qui oscillent au moindre souffle de l'air, ont résisté à plus d'une bourrasque depuis quatre ou cinq cents ans.

La tour de l'église, autrefois surmontée d'un campanile couronné par la statue d'or de l'archange, est aujourd'hui tout prosaïquement coiffée d'un modeste toit à quatre pans et entourée d'une corniche appelée *Tour des fous;* sans doute parce qu'il faudrait être totalement possédé du cas pathologique des pensionnaires du Docteur Blanche pour y promener sa muse après déjeuner.

Inutile d'ajouter que la partie féminine de l'expédition a jugé prudent de ne pas nous suivre dans ces régions supérieures. Cela se conçoit. Pour mon compte, j'avouerai franchement, que je me sentais médiocrement au sûr en franchissant le pont aérien qui paraît trembler sous les pas!...

Retraversant alors la passerelle arc-boutant, l'escalier héliçoïdal et l'église — où nous retrouvons ces dames rêvant peut-être aux chevaliers d'autrefois, si différents hélas! de ceux d'à présent, — nous tombons dans une ruelle escarpée, serpentant entre les murs du château et le soubassement de la basilique.

En ce moment, les sons mélodieux d'un harmonium frappent nos oreilles. Cette musique suave, qui, probablement vient de l'église, a, au milieu de ces solitudes, une poésie extraordinairement mystérieuse, on dirait un chant céleste.

Ici, une autre particularité mérite une mention. C'est un mince filet d'eau douce qui coule par un goulot pratiqué dans le roc; chose vraiment surprenante à une telle hauteur, car cette eau ne provient pas — nous dit-on — d'une citerne, mais bien d'une source naturelle.

Au bout de cette ruelle encaissée et sinueuse, nous nous retrouvons de nouveau dans la salle des Gardes, point de départ de nos pérégrinations.

Notre visite est terminée, car les autres parties du monastère sont occupées par les appartements des religieux ou consignées pour cause de réparation.

Après avoir remercié notre cicerone érudit, qui s'est acquitté de sa tâche en parfait historien et en galant homme, nous sortons de l'abbaye par la même grande porte aux tours crénelées.

Au-dehors, les conducteurs impatientés par la durée de notre excursion, s'écrient aussitôt en nous voyant paraître :

— Messieurs les voyageurs pour Pontorson ; dépêchons-nous, la mer va monter.

Tout en pressant le pas, en reprenant le chemin de ronde, nous admirons un instant la majestueuse façade de la *Merveille*, grande muraille de deux cents pieds de longueur sur cent de hauteur, armée de vingt robustes contreforts, percée de larges baies à ses divers étages et terminée à son sommet, par une ligne d'arcades mauresques du plus bel effet.

Au bas de cette muraille, un petit bois de bouleaux descend en cascade presque sur le sable et rend par là moins revêche l'aspect des rochers.

Les murs des remparts sont couverts d'une végétation parasite qui croît à plaisir dans les joints des pierres effritées par le temps. Les œillets et les giroflées sauvages fleurissent en paix sur ces vieux créneaux où jadis a retenti le bruit des armes et le choc des épées. On sait que le Mont Saint-Michel a soutenu plus d'un siége fameux pendant la guerre de Cent ans et les querelles religieuses.

Les moindres recoins de terre végétale sont cultivés avec parcimonie. Partout, ce ne sont que fleurs et parterres : aux pieds des murs, devant les fenêtres et même sur les toits. Les terre-pleins des tours sont occupés par de charmants jardinets. C'est au milieu du désert qu'on connaît le prix de la verdure.

*
* *

Aux portes de la ville, nos deux véhicules sont attelés et prêts à partir.

Nous absorbons d'un trait, comme des Normands de race, un grand verre de cidre que réclame notre œsophage enflammé par la fatigue, et nous nous installons sur le siége de l'omnibus, derrière le conducteur, pour jouir jusqu'à la fin de l'ensemble du paysage, malgré les cuisantes caresses du soleil qui se fait un malin plaisir de nous rôtir l'épiderme, et nous empêche de fixer les points élevés.

En un clin d'œil l'omnibus est au complet. Le postillon claque son fouet et les chevaux prennent le galop sans attendre la seconde voiture plus lente à se charger.

Les minutes sont comptées.

A un kilomètre du Mont, nous rencontrons un individu — qui a dû faire sur l'autel de Bacchus de fréquents sacrifices — pataugeant dans la vase en décrivant des sinuosités extravagantes et en se dirigeant au hasard. Du train dont il va, ce malheureux n'abordera jamais la terre ferme avant la marée et risque en outre de s'empêtrer dans les lises. Il est perdu si nous le laissons aller ainsi.

Pris de pitié, le cocher — enfreignant la règle prudente qui conseille aux voitures de ne jamais s'arrêter en grève de crainte des tangues mouvantes, — retient aussitôt ses chevaux et fait monter près de lui ce disciple de la pinte qui, tout en marmottant des monosyllabes entrecoupées de nombreux hoquets, finit par s'endormir en saluant profondément les quatre points cardinaux dont l'inaltérable gravité ne paraît en rien troublée par ces marques d'un obséquieux respect.

A cet instant, la voiture de nos compagnons se met en marche et s'efforce de nous suivre en poussant activement son attelage.

Il n'y a pas de temps à perdre, car la marée traitresse et sournoise, s'allonge déjà au loin à droite et à gauche du Mont ; dans un quart d'heure, une lieue de mer le séparera du rivage.

∴

Nous atteignons enfin la terre ferme sans autre incident ; et, avant de nous enfoncer de nouveau dans les grands arbres de la route de Pontorson, nous jetons un dernier regard d'adieu à cet incomparable Mont Saint-Michel, que l'on a appelé avec raison la *Merveille de l'Ouest*.

Stenay, 1879.

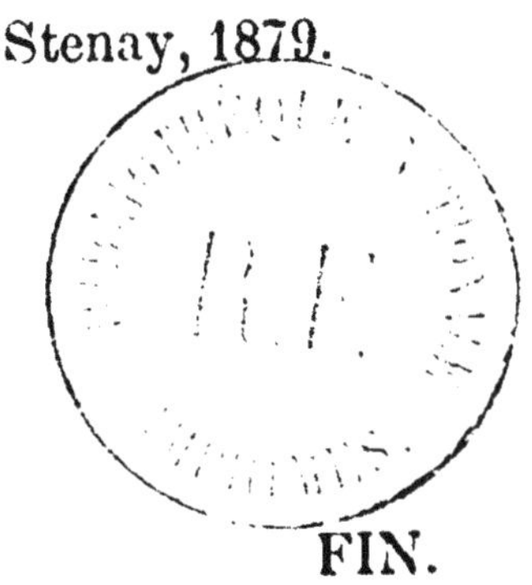

FIN.

www.ingramcontent.com/pod-product-compliance
Ingram Content Group UK Ltd.
Pitfield, Milton Keynes, MK11 3LW, UK
UKHW020553230726
13925UKWH00006B/2568